BEI GRIN MACHT SICH IHR WISSEN BEZAHLT

AF137236

- Wir veröffentlichen Ihre Hausarbeit, Bachelor- und Masterarbeit

- Ihr eigenes eBook und Buch - weltweit in allen wichtigen Shops

- Verdienen Sie an jedem Verkauf

Jetzt bei www.GRIN.com hochladen und kostenlos publizieren

Bibliografische Information der Deutschen Nationalbibliothek:

Die Deutsche Bibliothek verzeichnet diese Publikation in der Deutschen National-bibliografie; detaillierte bibliografische Daten sind im Internet über http://dnb.d-nb.de/ abrufbar.

Impressum:

Copyright © 2014 GRIN Verlag, Open Publishing GmbH
Druck und Bindung: Books on Demand GmbH, Norderstedt Germany
ISBN: 9783668531031

Dieses Buch bei GRIN:

http://www.grin.com/de/e-book/376278/arbeit-als-grundlage-menschlicher-existenz-zum-problem-eines-allgemeinen

Anonym

Arbeit als Grundlage menschlicher Existenz. Zum Problem eines allgemeinen Arbeitsbegriffs nach Günter Voß

Lernzusammenfassung in Stichpunkten

GRIN Verlag

GRIN - Your knowledge has value

Der GRIN Verlag publiziert seit 1998 wissenschaftliche Arbeiten von Studenten, Hochschullehrern und anderen Akademikern als eBook und gedrucktes Buch. Die Verlagswebsite www.grin.com ist die ideale Plattform zur Veröffentlichung von Hausarbeiten, Abschlussarbeiten, wissenschaftlichen Aufsätzen, Dissertationen und Fachbüchern.

Besuchen Sie uns im Internet:

http://www.grin.com/

http://www.facebook.com/grincom

http://www.twitter.com/grin_com

Inhaltsverzeichnis

1. Gegenstand und Problemstellung

1.1. Was ist Arbeit?

- Nicht einfach zu beantworten, keine eindeutige Definition
- Arbeit in ihren verschiedenen gesellschaftlichen Ausformungen
- Arten und Weisen, wie sich Arbeit unter den Bedingungen fortgeschrittener industriell-kapitalistischer Gesellschaften darstellt und verändert
- Die Frage nach einer grundsätzlichen Bestimmung des Begriffs der Arbeit im Kern der Arbeitssoziologie wurde selten ernsthaft gestellt und intensiver behandelt
- Arbeit als vielgestaltige menschliche Tätigkeit sowie als Grundlage von Gesellschaften
- Einbezug von Tätigkeiten und gesellschaftlichen Tätigkeitsbereichen auch jenseits erwerbsbezogener Formen abhängiger Arbeit im engeren ‚industriellen' Bereich
- Frage nach einem Arbeitsbegriff hat auch andere Wissenschaften beschäftigt (Physik ‚Arbeit = Kraft x Weg', Etymologie: Arbeit als „schwere körperliche Anstrengung, Mühsal, Plage" und „unwürdige mühselige Tätigkeit" (Duden 2007: 43), Philosophie)
- Alltagspraktischer Arbeitsbegriff (zwei Studien aus den USA (Weiss/Kahn 1960) und aus Großbritannien (Thorns 1971)): Arbeit ist eine Aktivität, die (1) „notwendig ist, aber keinen Spaß macht", (2) „Anstrengung erfordert", (3) „produktiv ist" und (4) „von anderen organisiert wird."
- Fast alle Vorstellungen von Arbeit durch Ambivalenzen gekennzeichnet: belastet das menschliche Leben und bereichert es zugleich, Grundlage für eine erhoffte Befreiung aus Mühsal und Elend/Feld der schöpferischen Selbstentfaltung des Menschen

→ **Arbeit = Aktivität**
- Weitere, aber umstrittene Kriterien:
  o Spezifisch menschliche Eigenschaft oder Tätigkeit;
  o Bewusstheit, Zweckgerichtetheit, Planmäßigkeit;
  o Werkzeuggebrauch
  o Kraftanwendung, Anstrengung, Mühe, Last, Elend;
  o Nützlichkeit/Gebrauchswertbildung, Produktivität, Werkhaftigkeit, Schöpfung, ökonomische Wertbildung;

- o Vom Prozess ablösbares überdauerndes Ergebnis, sozialer Austausch der Ergebnisse;
- o Kooperation, gesellschaftliche Einbindung und Anerkennung der Aktivität;
- o Gratifizierung, insbesondere Bezahlung.

2. Entwicklungslinien und Wissensbestände

- Weiterführung des Begriffs im 20. Jahrhundert
- Vorwurf der Reduzierung des Gegenstands auf erwerbsförmige Arbeit bzw. auf abhängige Beschäftigung im industriellen Betrieb
- Bis in die 1980er Jahre Definition von A. als formelle erwerbsförmige Tätigkeit lohnabhängiger Arbeitskräfte in betrieblichen Zusammenhängen
- „Arbeit als gesellschaftlich organisierte, durch Herrschaftsstrukturen vorgeprägte, d.h. meist fremdbestimmte Tätigkeit (…)." (Vilmar/Kißler 1982: 18ff.) → **Arbeit als gesellschaftliches Phänomen:** zweckmäßige, bewusste, stets gesellschaftlich vermittelte Tätigkeit von Menschen zur Bewältigung ihrer Existenzprobleme]
- Betrieblich organisierte Arbeit als eigentlicher Gegenstand
- Arbeitssoziologie: Dominante Erscheinung von A. unter spezifischen gesellschaftlichen Bedingungen
- Spiegelt in jener historischen Phase das herrschende Verständnis von Arbeit in der Gesellschaft wieder
- Marx' Überlegungen als Basis für den allg. Arbeitsbegriff in der Arbeitssoziologie; jedoch zunächst Vernachlässigung
- Marx will Arbeit nicht allein „abstrakt geistig" sehen, sondern als das wirkliche, tätige Verhalten des Menschen." (Marx 1985: 574, Hervorh. i.O.)
- Betonung des sich „gegenständlich" entäußernde Naturwesens Mensch sowie dessen „materieller" Naturbezug und die technische Vermittlung (Werkzeuge)
- Arbeit als dialektischer Prozess der Selbstformung des Menschen
- Mensch als ein arbeitendes Wesen

2.1. Was ist Arbeit bei Karl Marx? Eine Annäherung in Schritten

Arbeit ist...

- ... Das dynamische Wesen des Menschen
- ... Naturprozess
- ... Naturprozess – in den der Mensch aktiv vermittelnd eingreift
- ... Tätigkeit des Menschen – als leibliche Bewegung auf Basis natürlicher Potenziale
- ... Aneignung der Natur
- ... lebensdienliche Formveränderung
- ... Veränderung der äußeren Natur
- ... Selbstveränderung des Menschen
- ... Entfaltung der Potenzen der menschlichen Natur
- ... Beherrschung der menschlichen Natur durch den Menschen
- ... rudimentär auch bei Tieren zu finden
- ... beim entwickelten Menschen bewusste und imaginierte Ziele anstrebende, sich selbst-beherrschende Tätigkeit
- ... zweckgerichtete und kontinuierlich willentlich kontrollierte und dabei Aufmerksamkeit erfordernde Tätigkeit
- ... keine Tätigkeit als sich selbst genügendes genießendes Spiel der Kräfte
- ... Gebrauch von Arbeits-Mitteln

2.2. Der allgemeine Arbeitsbegriff von Karl Marx (Komprimierung)

Arbeit lässt sich wie folgt bestimmen:

- o Arbeit ist im weitesten Sinne Naturprozess und dabei entscheidende Eigenschaft des Naturwesens Mensch.
- o Arbeit ist lebendige, körperlich basierte (aber dabei immer auch geistige) Tätigkeit
- o Arbeit ist ein Prozess der Aneignung von Momenten der (natürlichen) Welt durch und für den Menschen.
- o Arbeit ist lebensdienliche Formung, genauer: Umformung des Vorgefundenen.
- o Arbeit ist aktive Selbstbeherrschung und dadurch Selbstveränderung des Arbeitenden wie auch Beherrschung und (sich vergegenständlichende) Veränderung der (natürlichen) Welt.
- o Arbeit ist auch bei Tieren zu finden, wird aber in ihrer voll entfaltenden Form beim Menschen zur bewussten und zweckgerichteten sowie willentlich beherrschten und zumindest kontrollierende Anstrengung erfordernden Tätigkeit, die (meist technisch oder medial i.w.S.) vermittelt wird.
- • ‚Zusammenfassung': Arbeit in ihren „einfachen und abstrakten Momenten (…) ist zweckmäßige Tätigkeit zur Herstellung von Gebrauchswerten, Aneignung des Natürlichen für menschliche Bedürfnisse, allgemeine Bedingung des Stoffwechsels zwischen Mensch und Natur, ewige Naturbedingung des menschlichen Lebens und daher unabhängig von jeder Form dieses Lebens, vielmehr allen seinen Gesellschaftsformen gemeinsam." (Marx 1969a: 198)
- • Unterscheidung des Menschen von den Tieren durch die Produktion von Lebensmitteln, bedingt durch die körperliche Organisation → Produktion ihres materiellen Lebens

2.3.   Besonderheiten des allgemeinen Arbeitsbegriffs von Karl Marx

(1) Tatsächliche Existenz des Begriffs; philosophisch-anthropologischer Arbeitsbegriff größter Allgemeinheit als Basis für die historische Betrachtung

(2) Weder ökonomistisch noch technizistisch verengt; dezidierte Vorstellung von bewusster Steuerung und Planung, also von „Geist" und „Bewusstsein"

(3) „Stoffwechsel mit der Natur", Einordnung des Menschen und seine Aktivität in einen ökologischen Kontext (Naturgeschichte)

(4) Arbeit als komplexer Wechselprozess von menschlichen Aneignungen und Entäußerungen, die den Menschen und auch die Welt im weitesten Sinne verändern

(5) Arbeit ist rational geleitete Selbststeuerung und Selbstkontrolle zur Erreichung definierter Zwecke; körperlicher Prozess, durch geistige Tätigkeit angeleitet

(6) Dynamische und relationale Definition von Arbeit; eine Tätigkeit ist mehr oder weniger Arbeit, je nachdem wie stark sie sich selbst genügt bzw. durch den planenden und steuernden menschlichen Willen beherrscht wird

2.4.   Implizierte Engführungen des marxschen Konzepts

(1) Unterwerfung der äußeren („Welt" steht der Arbeit und dem Arbeitenden objektivistisch zur freien Verfügung) und der inneren Natur (des Menschen selbst; Mensch macht sich in der instrumentellen Unterwerfung des Objekts selbst zum Objekt)

(2) Idealismus des marxschen Arbeitsbegriffs; Reduzierung der A. auf eine zweckrationale oder eng instrumentelle Variante des Geistigen – A. darf keine primär sinnliche Tätigkeit und keine sich selbst überlassene Entfaltung der Körperlichkeit sein (= animalische A. oder A. von geknechteten Menschen)

2.5. Die Tiefenbedeutung des allgemeinen marxschen Arbeitsbegriffs

- Die allg. marxsche Vorstellung von A. spiegelt den rationalistischen, objektivistischen und produktivistischen Geist der klassischen (industriellen) Moderne wieder
- Sehr spezifische Aktivitätsform; Arbeit als ...
  - o Die bewusst zweckrational gesteuerte planmäßige Tätigkeit des sich selbstbeherrschenden Menschen (Rationalismus),
  - o In einseitiger Bezugnahme auf einen dem Menschen unhinterfragt zur Verfügung stehenden und instrumentell zu beherrschenden Gegenstand ohne eigene Dignität in einer als solcher nicht thematisierten (Um-)Welt („Natur") (Objektivismus),
  - o Mit dem Ziel und dem Recht der ebenso selbstverständlichen Entäußerung und Vergegenständlichung eines Produkts, dessen Nebenfolgen für diese Welt nicht problematisiert werden (Produktivismus)

2.6. Abstufungen des allg. marxschen Arbeitsbegriffs

- Zwei philosophische Argumentationen aus der zweiten Generation der kritischen Theorie, die sich auf das marxsche Konzept beziehen:

2.6.1. Herbert Marcuse: Arbeit als Entfaltung der existenziellen Möglichkeiten des Menschen

- Gegen eine wirtschaftlich verengte Vorstellung von A.
- Stark geprägt durch eine existenzialistisch gewendete Phänomenologie
- Explizit „allgemeine" Bestimmung von Arbeit in Absetzung vom „Spiel" (ebenso bedeutsames anderes Tätigkeitsfeld des Menschen)
- Arbeit vom Spiel unterscheidende Merkmale (Marcuse 1970: 17-18):
  - (1) „Dauer": Arbeit ist eine kontinuierliche existenzielle Aufgabe (‚Leben als Arbeit'); das Spiel besteht aus einzelnen Aufgaben
  - (2) „Ständigkeit": „Vergegenständlichung"; bei A. soll im Gegensatz zum Spiel etwas „herauskommen"

(3) „Lastcharakter": A. stellt das menschliche Tun „unter ein fremdes, auferlegtes Gesetz (...) unter das Gesetz der ‚Sache'; notwendige Anstrengung im Arbeitsprozess, aber nicht unbedingt „Unlustgefühl" als Folge

- Zentrale Funktion von A.: das als „Praxis" vollzogene „zweckmässige" „Hervorbringen und Weiterbringen des Daseins und seiner Welt" (1970: 20)
- Fundamentale Fähigkeit und Notwendigkeit des Menschen, „das Sein des Daseins selbst zu ‚erarbeiten'" (1970: 25) → der Mensch kann die Bedingungen seines Lebens durch Arbeit verändern
- Nicht jedes menschliche Tun ist Arbeit; „Freiheit" erst jenseits der Arbeit; dennoch auch hier arbeitsförmige „Praxis" (1970: 39)

2.6.2. Jürgen Habermas: Instrumentelle Arbeit und kommunikative Interaktion

- Drei zentrale Momente für die Bildung des Geistes (abgeleitet von Hegel): „symbolische Darstellung" (Sprache), „Arbeitsprozess" und „Interaktion auf der Grundlage der Reziprozität" (1973: 10-11)
- Stellen gleichberechtigte, aber jeweils anders wirkende „Medien" (1973: 23) der Subjektwerdung und Gesellschaftsbildung dar:
  - (1) „Sprache": Basis der Kommunikation, der sozialen Integration des Menschen
  - (2) „Arbeit": Instrument der zweckrational werkzeugvermittelten Triebbefriedigung in Prozessen der Auseinandersetzung mit Natur
  - (3) Verständigungsorientierte „Interaktion" ist Grundlage des „Kampfs um Anerkennung" als notwendige Basis der Bildung von Subjektivität (und Sozialität) im engeren Sinne
- „Zurückführung der Interaktion auf Arbeit" und „Ableitung der Arbeit aus Interaktion" (1973: 33) nicht möglich
- Verknüpfung von instrumentalem Handeln mit Interaktion im Produkt der Arbeit
- Habermas wirft Marx Einseitigkeit in seiner Theorie vor – Reduzierung kommunikatives Handeln auf instrumentales
- Interaktion als basales soziales Medium
- Arbeit als Handeln mit sozial beschränkter Funktionalität

8

3. Neue Entwicklungen und Konzepte

- Der allg. Arbeitsbegriff gerät mit den gesellschaftlichen Strukturveränderungen der 1980er Jahre in die Diskussion
- Debatte über die „Krise" oder das „Ende" der Arbeitsgesellschaft (21. Bamberger Soziologentag 1982)

3.1. Diskussion über eine Ausweitung des Arbeitsbegriffs ab den 1980er Jahren

- Hans Paul Bahrdt weist darauf hin, dass sich die Arbeitswirklichkeit von der vorherrschenden Auffassung von A. unterscheidet
- Feministische Stimmen beklagen die ideologische Verengung der gesellschaftlichen und arbeitssoziologischen Vorstellung von Arbeit
- Forderung nach der Anerkennung der weiblichen Reproduktions-Tätigkeit als substantielle Arbeit in der Gesellschaft; Haus-Arbeit auch als Arbeit anzuerkennen (inkl. Hausfrauenlohn)
- Teilweise sogar Gegenüberstellung der biologisch produktiven und sorgenden Form der Tätigkeit von Frauen (der weibliche Körper als „Produktionsmittel") mit der männlich konnotierten, sich allein instrumentell auf die äußere Natur beziehenden Arbeit (Marx)
- Debatte über Arbeitsfelder, die bis dahin im Schatten von Wirtschaft und Gesellschaft standen
- Debatte um den Arbeitsbegriff in der Soziologie Mitte der 1980er in D. als Markierung für einen Phasenübergang in der Entwicklung der modernen Arbeitswelt
- Grundlegender gesellschaftlicher und wirtschaftlicher Wandel in diesem Zeitraum
- Zentrale Forderung: „Ausweitung" des Begriffs (mehr Tätigkeitsfelder als bisher einzubeziehen)
- Kulturelle Veränderung impliziert Probleme: theoretisch (Wissenschaft) und praktisch (z.B. arbeitsrechtlich)
- ➔ Begriff muss noch einmal grundlegend beleuchtet werden

3.2. Philosophische Öffnungen des Arbeitsbegriffs

- Aufbrechen der Engführung des Begriffs; ‚Erwerbs-Arbeit' statt schlicht ‚Arbeit',
  wenn diese (wie meist) gemeint ist
- Die wichtigsten Beiträge zur Diskussion einer Erweiterung der Vorstellungen von
  menschlicher Tätigkeit und insbesondere von Arbeit kommen von zwei
  Philosophinnen:

3.2.1. Hannah Arendt: Arbeiten, Herstellen, Handeln

- Die Geburt des Menschen und die sich daraus ergebende Aufgabe des Menschen,
  zusammen mit anderen die Welt zu gestalten, als zentraler Bezugspunkt
- Drei menschliche Grundtätigkeiten und deren Zusammenhang (angelehnt an
  Aristoteles' Unterscheidung zweier grundlegender menschlicher Handlungsformen):
  Arbeiten, Herstellen und Handeln → kritische Differenzierung des Tätigkeitsform
  ‚Arbeit'

  (1) „Arbeit" (Arendt 1989: 76ff.): dient dem Fortbestand des Einzelnen und der
  Gattung; unverzichtbarer und erforderlicher Teil des menschlichen Lebens und
  anderer Lebenswesen; Ausdruck des unaufhebbaren Zwangs zur Erhaltung des
  Lebens

  (2) „Herstellen" (1989: 124 ff.): Produktion i.e.S.; Erstellung dauerhafter Dinge
  durch Veränderung von Vorgefundenem; Schaffung einer künstlichen Welt

  (3) „Handeln" (1989: 146ff.): Gründung und Erhaltung des Sozialen; schafft die
  Voraussetzungen für eine Kontinuität der Gesellschaft (Geschichte); sozial,
  verweist auf die Individualität der Menschen; der einzelne Mensch kann ohne
  zu „arbeiten" oder etwas „herzustellen" überleben, ist aber existenziell auf
  gesellschaftliches „Handeln" angewiesen

3.2.2. Angelika Krebs: Arbeit als anerkannte Tätigkeit im Rahmen des gesellschaftlichen Leistungsaustauschs

- Thema: mangelnde gesellschaftliche Anerkennung gewisser (mehrheitlich von Frauen wahrgenommener) Tätigkeitsfelder
- Forderung nach einer systematischen und materiellen Anerkennung der gesellschaftlichen Leistung von Familienarbeit (etwa in Form eines staatlich gewährleisteten Erziehungsgeldes)
- Unbedingtes Grundeinkommen als Gegenleistung für erbrachte und gesellschaftlich unverzichtbare Familienarbeit

3.3. Fragen an einen allgemeinen Arbeitsbegriff

- Bisher weder systematische Theoriediskussion noch substantielle Klärungen trotz vielgestaltiger Diskussionen zum Verständnis von Arbeit
- Nutzung der Arbeit angelegten Spannungen als dynamische Potenziale für den theoretischen Zugang

3.3.1. Menschliche Arbeit oder die Arbeit verschiedenartiger Akteure?

- Exklusivrecht des Menschen auf Arbeit nicht mehr haltbar
- Auch Tiere ‚arbeiten‘, wenn auch auf andere Weise
- Beschränkt sich nicht auf einige wenige Primatenlinien
- Tiere verwenden und produzieren explizit Hilfsmittel (Werkzeuge)
- Auch Pflanzen errichten eine Art ‚Arbeit‘ (Produzenten ihrer selbst und von Effekten, die für die ökologischen Kreisläufe von größter Bedeutung sind)
- Auch Maschinen verrichten ‚Arbeit‘
- Die marxsche Unterscheidung von „lebendiger" (menschlicher) und „toter" (maschineller) Arbeit muss damit völlig neu gedacht werden
- Auch kollektive Akteure (Gruppen, Organisationen, Netzwerke, Gesellschaften) bringen auf Basis der Arbeit der beteiligten Individuen Ergebnisse (=Produkte ihrer arbeitenden Kooperation) hervor

3.3.2. Arbeit als die wesentliche Eigenschaft des Menschen oder als eine Eigenschaft des Menschen unter anderen?

- Für Karl Marx ist der Mensch nur insoweit Person und Subjekt als er Arbeitswesen oder gar Arbeitskraft ist
- Heute kann dieser Sichtweise kaum jemand zustimmen, da allgemeine Eigenschaften des Menschen (Gefühle, Phantasie, Kreativität, Selbstbestimmung usw.) zu entscheidenden Arbeitseigenschaften werden
- Dadurch verschwimmen die Grenzen zwischen „Arbeitskraft" und arbeitender „Person" wie auch von „Arbeit" und „Leben"

3.3.3. Arbeit als Aneignung, Umformung und Entäußerung oder auch als Sorge und Dienst?

- Hegel-marxsche ‚Dreisatz' von „Aneignung", „Umformung" und „Entäußerung" als schlichte Produktionslogik: Der Mensch macht sich mittels seiner Arbeit die vorgefundene „Welt" zu eigen; Recht auf einseitige Unterwerfung und Veränderung der Welt
- Aber auch weniger lineare Denkweise: diejenige Arbeit von Menschen, die die „Welt" nicht für eigene Zwecke umformen will; diese Arbeit behandelt den Gegenstand nicht primär als Objekt, sondern als eine Sache eigener Würde und Wertigkeit (reproduktive Tätigkeit der Frauen und Mütter im Haushalt und in der Familie)
- Arbeit, die sich von der linearen Aneignungs-Umformungs-Produktions-Logik abzuheben versucht, indem sie Unterstützung, Hilfe, Begleitung, Fürsorge usw. für Anderes und Andere als ihren Kern ansieht
- Nicht mehr nur einseitig „instrumentelle" Tätigkeit, sondern „Interaktion"; diese Arbeit gesteht dem ‚Objekt' mehr oder weniger den Charakter von ‚Subjektivität' zu

3.3.4. Arbeit nur als rationale und selbstbeherrscht planvolle Tätigkeit oder auch als selbstvergessene und unmittelbar körperlich-sinnliche Aktivität?

- Arbeit in ihrer genuin menschlichen Form ist bewusst, ziel- und zweckgerichtet, wenn nicht gar planvoll
- Dadurch soll sie sich von Aktivitäten abheben, die ihr Ziel in sich tragen und selbstgenügsam freier Ablauf menschlichen Tuns sind (Spiel)
- Planvolles Handeln ist mit „Anstrengung" (Marx) verbunden, die einen „Impuls" (Bahrdt) benötigt
- Dennoch auch arbeitsförmige Tätigkeiten, die weit von diesem Ideal entfernt sind (Künstler, Chirurg, Handwerker)
- Arbeiten keinen festen Plan ab, sondern weichen situativ höchst kreativ davon ab; operieren auf einer Stufe verringerten Bewusstseins und greifen auf sinnlich-körperliche (statt nur kognitive) Ressourcen zurück
- Jede empirische Arbeit von Menschen ist immer auch durch dieses ausgeschlossene Gegenteil geprägt
- Dieses Andere verweist darauf, dass menschliche Arbeit auch immer tierische Arbeit ist

3.3.5. Arbeit als spezifische Tätigkeit oder als vielfältiges Tun in verschiedenen Bereichen von Gesellschaft und Lebensführung?

- Wie verhält sich die wirtschaftlich dominante Erwerbsarbeit zu all jenen anderen Tätigkeiten in der Gesellschaft, die auch Merkmale von Arbeit aufweisen?
- Läuft auf einen gesellschaftlichen „Kampf um die Vervielfältigung und Erweiterung gesellschaftlich anerkannter Formen von Arbeit" (Negt 2001: 429) hinaus
- Immer deutlicher werdende Variabilität von Arbeit; Angst vor einer vermeintlichen „Inflation des Arbeitsbegriffs"
- Wandel der Erscheinungen von Arbeit in der Gesellschaft
- Erfassen der empirischen Vielfalt lässt sich schwer umsetzen; was ist nicht Arbeit, wenn fast jede Tätigkeit irgendwie und irgendwo zur Arbeit werden kann (sogar der Umgang mit Gefühlen)?

3.3.6. Ist Arbeit gut oder schlecht?

- Meist wird mit A. Produktivität und Zweckmäßigkeit verbunden, aber Arbeit kann auch destruktiv sein
- Tätigkeiten, die im Kern Zerstörungen oder Schädigungen zur Folge haben und genau damit ‚Nützliches‘ bewirken sollen
- Gewaltförmige Tätigkeiten aus dem Arbeitsbegriff auszuschließen macht wenig Sinn; jede Arbeit ist auf irgendeine Weise ‚zerstörerisch‘ – sie schafft eine neue Form und hebt dazu eine alte auf
- Jegliche A. beruht „auf der Anwendung unmittelbarer Gewalt", sogar die Arbeit der Hebamme (Kluge/Negt 1981: 20, 25)
- Keine nützliche Arbeit ohne Schadensfolgen
- Arbeit ist schlecht, weil sie durchgehend mit Last, Mühe und Elend verbunden wird (trauriges Schicksal eines verwaisten Kindes das Zwangsarbeit leisten muss); ewige Reich der Notwendigkeit (Karl Marx), in dem man sich den Zwängen der zu bearbeiteten Sache, den Zwängen sozialer Ordnung und den Befehlen einer strukturellen oder personalisierten Leitung unterwerfen muss
- Arbeit ist gut, weil sie die Grundlage für die Menschwerdung des Affen, die Selbstfindung des Subjekts, die allseitige Entfaltung der schöpferischen Möglichkeiten des Menschen und die Entwicklung der Zivilisation und ihrer Geschichte ist…weil sie vielfältige Auswahl von Tätigkeiten bietet

3.3.7. Gesellschaftliche Einzigartigkeit der Arbeit oder das ‚Andere der Arbeit‘ in der Gesellschaft ... und wie hängt beides zusammen?

- Das Andere der Arbeit: alles andere, was Menschen sonst noch tun, wenn sie nicht arbeiten – Tätigkeit, Praxis, Spiel, Kunst, Konsum, Muße, Müßiggang, Faulheit, Langeweile, Leben, Liebe (eingeschlossen Sexualität)
- Freizeit als Gegensphäre zur Arbeit ist am deutlichsten eine gesellschaftliche/gesellschaftspolitische/sozialrechtliche ‚Erfindung‘
- entstand in dezidierter Abgrenzung von einem spezifischen Typus von A. und Arbeitskraft in einer sehr kurzen Periode (Fordismus) in einem engen geographischem Raum (in den mehr oder weniger entwickelten Gesellschaften)

4. Herausforderung und Perspektiven: Thesen zum Umgang mit dem Begriff „Arbeit"

- Umgang mit dem Arbeitsbegriff nicht einfach, auch wenn es vielfältige, spannende und soziologisch oft noch nicht voll ausgeschöpfte Angebote gibt
- Wahrscheinlich werden die Komplikationen sogar zunehmen
- Frage „Was ist Arbeit?" spannender denn je
- „historisch überfällige" (Negt 2001: 461) Neuthematisierung und Erweiterung des Arbeitsbegriffs
- Thesen, die weitere Bemühungen um den Arbeitsbegriff begleiten:
  - These 1: Der gemeinte Gegenstand war, ist und bleibt auch in Zukunft wesentlich unbestimmt. Das vielfältige Angebot hilft aber, sich dem Begriff anzunähern und diesen einzugrenzen.
  - These 2: Ein entscheidender Grund für die Unbestimmtheit des Begriffs ist, dass Arbeit grundlegend vielgestaltig, historisch variabel und nicht zuletzt gerade in einer Entwicklung begriffen ist. Es gibt Tätigkeitssphären, die mehr oder weniger arbeitsförmig sind und sich in dieser Hinsicht kontinuierlich ändern … darüber hinaus findet sich ein Spektrum weiterer Aktivitäten, die dazu in Beziehung stehen und oft nicht klar davon abzugrenzen sind.
  - These 3: Ein zweiter wesentlicher Grund für die Unbestimmtheit von Arbeit ist, dass sie grundlegend dialektisch, oft sogar widersprüchlich (z.B. nicht eindeutig gut oder schlecht) ist. Deswegen ist der Begriff ‚offen' für vielfältige in der Geschichte entstehende und sich ständig verändernde Erscheinungen, Bezeichnungen, Bedeutungen und Wertungen.
  - These 4: Die Beschäftigung mit dem Begriff Arbeit bezieht unausweichlich das phänomenologische und begriffliche Material mit ein, das aus den aktuell dominierenden Erscheinungen des gemeinten Gegenstands entsteht. Die begrifflichen Bemühungen beziehen sich auf unseren Erlebensraum – wenn wir über Arbeit reden, schwingt in unserem kulturellen Kontext fast immer die nach wie vor dominierende Form der formellen Erwerbsarbeit gedanklich mit.
  - These 5: Die stetige Veränderung des Begriffs der Arbeit und die Unwissenheit darüber wohin sind insoweit von Vorteil, dass die Möglichkeit entsteht, die Veränderungen von Arbeit kategorial unbelastet zu beobachten und die

begrifflichen Bemühungen offen zu halten. Man lernt, mit einem offenen Begriff zu operieren – ob nur vorübergehend oder dauerhaft.

- o These 6: Aufgrund dieser Unbestimmtheit waren und sind Arbeit und ihre Begriffsbestimmung ein politisches Thema. Die Definition eines gesellschaftlichen Zentralbegriffs ist nicht nur eine wissenschaftliche Frage, sondern eine machtvolle Interessen berührende kulturelle und sogar politisch-praktische Problematik. Eine solche Kategorie ist folglich ideologisch und damit normativ belastet.

- o These 7: Das Thema als „worthless" (Hall 1994: 3) aufgrund seiner Unbestimmtheiten oder gesellschaftspolitischen Implikationen zu bezeichnen ist höchst problematisch. Auch der Verweis auf die Klassiker kann keine Lösung sein. Denn dadurch sitzt ein Fach historisch spezifischen Erscheinungen und Bewertungen seines Gegenstands auf und verliert die kritische Distanz zum Feld.

- o These 8: Eine endgültige kategoriale Festlegung und Abgrenzung des allgemeinen Arbeitsbegriffs ist nicht sinnvoll. Remigius C. Kwant forderte bereits 1960: „Wir müssen darauf verzichten, das menschliche Tun in zwei Teile zu zerlegen, als trüge der eine Arbeitscharakter, der andere aber nicht." (Kwant 1968: 16)

- Wesentlich sinnvoller erscheint die Entwicklung eines Apparates von Aspekten, die man relational aus philosophischen oder historischen Gründen mit Arbeit verbinden kann.

- Diese können analytisch flexibel vor dem Hintergrund der jeweiligen gesellschaftlichen Konstellationen Aktivitäten zugeordnet werden, um diese zu beurteilen.

- „Was ist Arbeit?" (und was nicht) ist nun nicht mehr die auf eine Definition abzielende, zentrale Frage

- Es geht darum, in welchen Ausmaß und hinsichtlich welcher Aspekte unterschiedlichste Aktivitäten verschiedenartiger Akteure in der Gesellschaft ‚Arbeits-Charakter' haben, warum das so ist, wie es sich ändert und was daraus folgt → Diagnose über den Zustand der Gesellschaft